THE GODODDIN

bi Anyrin

for Margaret on her 80th Birthday
best wishes Dave

Owerset intil Scots, wi a new prologue

bi

David C. Purdie

wi fou glossary an wi an epilogue owerset frae

Thomas Gray

Hanselt til **Anyrin**

C a l d e r   W o o d   P r e s s
2 0 0 9

The Godothin, bi Anyrin, owerset intil Scots bi David C Purdie

Published by Calder Wood Press
1 Beachmont Court, Dunbar, EH42 1YF
www.calderwoodpress.co.uk

ISBN: 978-1-902629-24-7

Some sections were first published in *Poetry Scotland's* Long Poem issue,
which we acknowledge with thanks.

Printed by Levenmouth Printers, Buckhaven, Fife, KY8 1JH

THE GODOTHIN

Introduction

Y Gododdin is a classic Welsh poem dating from the 6th /7th century, so ... why on earth should it be translated into Scots? There are, in my submission, several reasons all of them good ones.

The Gododdin were a tribe living in Lothian at the time when Brythonic, or 'Old Welsh', the forerunner of modern Welsh, was the language spoken. They rode south to Catraeth (now Catterick) to repel Angle invaders and were slaughtered almost to a man. I know it has been argued that Scotland has no claim to the story of the Gododdin, because the Brythonic peoples were forced out of Scotland by the invading Angles and then decamped to Wales. What? all of them? I refuse to believe that no descendants of those 'P Celtic' speaking warriors remained north of the border. A quick glance at a map of southern Scotland, and an eye for the genesis of words will confirm that Welsh place names abound, and the same is true of many of the Scottish family names we take for granted. For all those reasons, it seemed to me natural that Aneirin's poem should be rendered in the successor tongue of Lothian, Scots. More fitting and natural, it seems to me, than translating it into English.

Nevertheless, I am happy that English translations have been made, since I have gained access to Aneirin via four of them. Although I have no Welsh, I do have great love for our cousin Celts and an enthusiasm for Welsh song, particularly the choral variety, and I am able to pronounce Welsh words and thus savour the rhythms and the music of Aneirin's famous ode. I have worked mainly from Thomas Owen Clancy's *The Triumph Tree*, which anthology is mainly responsible for reclaiming Aneirin and Y Gododdin for Scotland. I have also consulted Tony Conran's, *Welsh Verse* and Gwin Williams's *Welsh Poems Sixth Century to 1600*. Also extremely helpful was Prof. A. O. H. Jarman's famous translation, in *Y Gododdin*, which has both Welsh and English versions side by side. All of these translations differ in parts, but by going through the middle, I felt able to get to Aneirin. I am indebted to the Scottish Poetry Library for giving me access to the Old Welsh poem and to John Law, former editor of *Lallans* magazine for advice on my Scots text.

All four English versions have much in common, including the fact that they are more or less literal translations, and make no attempt to be poems. I have tried to make my owerset a poem, by rendering it in rhyme and metre. I hope it has the feel of Aneirin's poem, although I could not possibly have recreated his rhyming scheme. A fifteen or sixteen line stanza in Scots, rhymed a, a, a, a, a, a, — ad infinitum, is beyond my poetic proficiency. Rather than that, I have opted for slightly less obtrusive rhyming. There's a pattern of sorts but I see no need of, and make no claim for, consistency.

Most Scots have no idea about Welsh pronunciation, and I have changed the spellings of most of the place and personal names to try to render, as near as possible, the sound of the Welsh as it would be in Scots spelling. Thus, 'Gododdin' becomes 'Godothin' and 'Aneirin' becomes 'Anyrin'. It isn't possible to catch all the subtleties of Welsh pronunciation for instance, 'chl' is a poor substitute for 'll', but it is as near as I can get. 'ie', or 'ei' is always as 'ee' or 'ea' in English, 'ou' is always as 'oo', and 'ow' is always as in 'fowl' rather than as in 'bowl'. 'Ch', (with or without an accompanying 'l') is, of course, always as in 'loch', never as in 'brooch'. But the reader is welcome to pronounce anything in any way that feels comfortable.

Two prologues exist for Y *Gododdin*, neither written by Aneirin, and indeed the poem itself was never committed to paper until the poet had been dead for a long time. The song would have evolved each time he, and subsequent bards, performed it. This gives the owersetter a freedom which would not exist had it been cast in stone (or writing) from the start. It also gives him or her the freedom to substitute a new prologue, and I have opted to compose and use my own, which gives a bit of historical perspective.

Y *Gododdin* is not a story although it tells of a battle and a tragic defeat. It is rather an elegy, in the same tradition as Dunbar's incomparable *Lament for the Makaris*. This is Aneirin's memorial to his fallen comrades and his sorrow at their passing is still moving nearly a millennium and a half later.

Finally, if one is seeking common factors which link these long dead Celtic fighters with Scots battlers of subsequent ages, it is surely their determination to resist suppression at whatever personal cost and the fact that they spent a year in strict training for the Battle of Catraeth ... which training consisted of consuming large amounts of alcoholic liquors. They then rode into battle the worse for drink and were wiped out almost to a man. You can't get much more Tartan Army than that!

David C Purdie

THE GODOTHIN
bi Anyrin — Owerset intil Scots

Hanselt til Anyrin

PROLOGUE

Efter Rome's sture legions gaed hameart ower the sea,
  Ere southron chiels drave norwart til the Frith,
  Or ere brave Wallace focht, afore the Bruce set Scotland free,
  Brithonic fechters rade ti battle swith.
  Lang ere Flodden or Culloden, afore the Hielan Clans,
  Thrie hunner kempers focht the Chloyger host.
  Hechtit tae haud the Southrons oot frae aa the Lowden lans,
  An vooed tae dee, gin e'er thair cause wis lost;
  Thrie hunner lairdlie fechters, wi swith steids rinnin free,
  Godothin chiels wi nivver thocht o flicht,
  Thrie hunner carles, in smeddum's virr, weirdit syne tae dee,
  They saw the daw but nivver saw the nicht.
  For ivver efter, aa his days, Anyrin shed his tears,
  Wi brucken hert, Anyrin mindit lang,
  For ivver efter, aa his days, Anyrin murned his feres,
  Wi brucken hert, Anyrin sung this sang.

THE POEM

1
    The bauldness o the carle,
The youthheid o the loun,
The smeddum i the fecht,
The licht shiel ower aboun,
The flisk o lang-maned steid,
The blae glaive glentin braw,
Wi gowd on gairments bricht.
    Nae canker 'tween us twa
Cuid ivver be my fere,
I'd leifer sing yer mense,
In ballants douce an clere.
The perk is slockt wi bluid,
Afore the mairriage rive —
Mait for the corbies aa,
Afore the yirdin jyne.
    Brave Owain, oor fere braw;
Neth thae dreid corbies ligs,
Dowf Marroe's aesome loun,
Sleeps i thae fremmit riggs.

2
    Gowd-haused, an forenent ivver i the chairge,
Skeichen afore a lass, he peyed for's mead
His shiel rave whan he heard the slogan gowl,
He huntit unfriens doun, athoot remeid.
Nor wad tak heels frae fecht or bluid wis skailt,
Mawin doun lik rashes thaim wha didna rin.
    At his hame-gaun, afore hie Madog's beild —
The Godothin tell, the coort's gryte haa athin —
No ae carle in a hunner wad retour til's hame.

3   Gowd-haused, a fechter, wha the fae wad girn,
Aigle's flicht at watter's-fuit, whan fashed wi staw.
His hecht, a voo that he wad ayeweys haud,
Bettermair nor that, gin e'er he cuid ava,
    They fled the bauld Godothin menyie's scaud.
Bauld wis the birze apon Manawuid's lan.
Naither the mailyie nor the sheil gied beild;
Nane cuid, whan fushionit wi mead in han,
Be keepit frae Cadvannan's ding.

4   Gowd-haused, forenent, a wowf in birse that day,
Braw kemper, lammer beads he won, bricht-guid,
Gwaevarver skailt reid wine, the horn oot frae,
He drave the oncome back, chowk straikt wi bluid.
    Lat Gwinneth an the norlans ding on sair,
Throu Usgirran's birkie's battle-ploy,
Aa the shiels wis smattert thare.

5   Gowd-haused, forenent, weel buskit for the fecht,
Til daith, a carle wha kentna dree nor dreid:
Campioun chairgin at the host's foreside,
Syne Dyver's chiels an Brennich's men fell deid,
Five-an twinty thoosan fell til's swurd,
A hunner score sent til perdietion sair,
Mait for the wowfs, afore the mairriage-shine,
By-bits for the corbies, at the altar thare.
    The perks, afore the yirdin, wis bluid-sypit aa.
Athin the haa wis mead, the host amang,
An Huvid Hir, the menstral, chauntit braw.

6   Men gaed til Godothin, daffin, lauchin, gleg,
        Gurlie in battle, launces streekit gran,
    Ae cuttie towmond, they haed bade at pace,
    Syne Bogdad's loun wrocht slauchter wi's ain han.
        Tho until kirks they gang, for schirryve o the saul,
    The eldren, youthie, bauld, an patientfu,
    Suithfast the tale, daith bidit slee for aa.

7   Men gaed til Godothin, lykin braw ti lauch.
    Assailyeors in a menyie, hytit up for bluid,
    Tae slauchter wi thair swurds, gey swipperlie,
    An buirdlie i the fecht wis Rythvow guid.

8   Men gaed til Catryth, aa in a menyie blyth,
    The hinnie mead thair dale, t'wis pushion sair.
    Thrie hunner carles wis listit for the fecht.
    Than, efter leesome foy, wis seelence thare.
        Tho until kirks they gang, for schirryve o the saul,
    Suithfast the tale, daith bidit slee for aa.

9   Men gaed til Catryth, mead-nouriced ban,
    Strang, virrie — wrang that I suid reize thaim nocht —
    Wi muckle swurds, bricht reid an hozilt blae.
    Thare, chowk for chow, fell thrawn, the wairhunds focht
    O Brennich's airmie I'd hae thocht it fang:
    Tae lea juist ane in human furm aye leivin thare.
        Ma aesome fere I tint, suithfast wis I,
    Olite i the fecht — forleitin him wis sair.
    The campioun ne'er socht tocher o guid-dey,
    Keean's birkie braw, Myne Gwingoun frae.

10   Men gaed til Catryth at daw o day:
        They lave ahent thaim ilka dree an dreid.
        Thrie hunner chiels agin ten thoosan focht.
            He smads the spears wi fechters' bluid bricht reid
        Maist wichtsome bravehert i the fecht,
        Afore Minithog Mwinvor's ban for ocht.

11   Men gaed til Catryth at daw o day:
        Thair smeddum dockt thair lives I ken i truith.
        They slockit gowden mead wi fankle slee;
            A towmond mony makars splored for suith.
        Thair swurd-bleds reid, ondichtit lat thaim bide,
        Snaw-white shiels, wi squerr-sett pynts on spears,
        Afore Minithog Mwinvor an his feres.

12   A man gaed til Catryth at daw o day:
        He makkit licht a jamph o wair-hosts shair.
        They makkit siccar deid-kists wis requairt
        The gleggest glaives o Christendie wis thare.
        He makkit, mair syne nor he'd cry renoonce,
        Swith daith for unfriens in a bluidbath sair.
        Whane'er he heidit the Godothin host.
        His ettle, Nerthiad cairried oot an mair.

13   A man gaed til Catryth at daw o day:
        He drank the mead in ilka rig o nicht,
        Waesome wis his marras' wair-lament,
        His witter wis het-bluidit daith maist wicht.
            Thare breeshilt tae Catryth
        Nae gryte chiel wi ettle braw
        Sae grushy ower his mead;
        Nane frae Eidin's caistle haa

Wad sae aivendoun an richt
Brak up the unfriens' ranks ava,
  Teidvoulch Hir, faur ooten his hame lans,
Ilk wick, drave Southron chiels awa.
His smeddum wull for ivver bide,
Aye mindit bi his feres for shair.
Whan Teidvoulch chairged, the fowk's bauld kemp,
  Daith-grun wis roun the spearmen thare.

14   A man gaed til Catryth at daw o day
His lairdlie coontenance, a shiel-waa thare.
Ram-stam they wad ding on, ingaitherin spyles,
The swack o shiels wis lood as thunner's rair.
  Canny chiel, maist eydent carle, an stieve,
He wad rive an prog wi pynt o spear.
Howe-deep i bluid he strak aboot wi's swurd
Sair-prest, on heids wi steel-bleds dingin braw.
  The hagger booed fou laigh athin the haa.
Forenent Erthgie, the wair-hosts grainit aa.

15   O lans aroun Catryth the tale is telt,
Murnin for men that faas bides sair an lang.
Godebog's louns wis fechtin for the lan,
Throu guid an ill, wi muckle lealty strang.
Gryte deid-buirds bore bluid-sypit men awa.
Fell wis thare weird, misfortoun's ill-gien stoun,
Plenisht til Tiedvoulch an til Cuvwich Hir.
  Bi cannil-licht we wauchtit bricht mead doun,
Tho douce its saur, it efter gart us grue.

16   Blain, frae Eidin's haa, upsteirt his men,
        Leal fechters wha wad follae, suithfast aa.
        Apon saft dooncods, Blain wad pass aroun
        The drinkin-horn athin his fouthie haa.
        The firsten bree o maut, wis ayeweys his.
        In gowd an purpie, Blain weel delichtit wis;
        The pick o sulliart steids aneth him skirred:
        At battle's soun, his heich hert won him this.
        First tae mint the slogan, til thair gryte gain,
        Urse-like in aa his weys, laith ti faa back.

17   Farrach in the foreside,
        Ower leas, sinlichtit, whiles:
        Whar kin be fund the laird
        O heiv'nly Brithon's isles?
            Forenent the fechter bauld
        The fuird is unco reuch,
        For him in wather fell,
        The shiel is beild eneugh.
            Sae braw his drinkin-horn,
        In Eidin's unco haa,
        His glore flumgummerie.
            Wi's mead ye'd drucken faa;
        He'd waucht the strang wine doun.
        A sharer i the wair,
        He'd waucht the douce wine doun,
        Maist battle-mensefu thare.
            Sharer o battle-leeks,
        Battle's bricht airm braw,
        They sung a battle-sang.
        In wair's bricht mailyie aa.

Swith-weinged in battle's virr
His sheil wi fremmit spears
Wis pikit skrank an tuim.
   Aroun him fell his feres,
In rug an rive o wair:
His fechtin, stench an leal,
Saikless he sautit thaim.
Slockit his birse wis, shair
Afore the girse smuired ower
Gourwechlin Frass's lair.

18   They weel loo whit is richt.
They smad thrie sneds o spears,
Fifty an five hunner.
Thrie hunds, thrie hunner feres
Thrie horsemen o the wair
Frae Eidin's gowden haa
Thrie wair-bans mailyie cled,
Thrie thanes weel gowd-haused braw,
Thrie horsemen in a birse,
Thrie marras i the fecht
Thrie lowpin as the ane,
They huntit unfriens richt.
Thrie in the fechtin sair,
They eithlie sclew the fae,
Gowd i the fecht inby
Thrie knichts, the Brithons frae,
Yerls Cunrie an Cunnon,
Frae Eyron cam Cunryne.
   The sleekit Dyver clans,
Fickelt, wad speir syne:
'Is ony Brithon chiel

Nor Cunnon bettermair,
Fae-proggin sairpint leal?'

19   I slockit wine an mead
I slockt it i the haa.
Undeimous wis his spears
Athin the battle braw:
He'd gie the aigles mait.
    Lood, Cudwell's slogan rang
At daw's licht whan he cam.
Shiels smattert whan he dang.
Splinderin stentit spears
Mawn doun inby the fecht:
He brak the foremaist rank.
    Slee Sownoe's loun kent richt,
He selt his life ti coff
A nem o hie renoun.
He strak wi bled fou sherp
Faemen he haggit doun.
He hechtit the onding
He wad mak bouks o men
O smeddum i the wair;
Forenent i Gwinneth's van.

20   I slockt the wine an mead athin the haa
Sinsyne I chairged the border, dowf the weird.
No saikless, wi a gallus hert for aa:
Whan aa fell back, ye wisna feart ti chairge
Muckle glore til ye acause ye'd dae nae ill;
Brechior's fawm ower aa the yird wis lairge.

21   Men went til Catryth, fawm spreid faur abreid:
The wine an mead frae gowden quaichs they drank
For ae towmond, tae conform wi knichtly deeds,

Thrie men, thrie score, thrie hunner, gowden-haused
O thaim wha went furth efter rowth o bree,
Juist thrie hame-cam aa throu thair fechtin skeil:
Cunnon wi twa o Eyron's hunds, wan free,
An me, bluid-sypit, for ma glore-sang's sake.

22   Ma sibs in cowpin cogs, we haed nae dree
Sauve whit cam o splore, wair-laird steel-sture.
Nae inlaikin o mead in coort haed he.
Wi siccar straiks, raw efter raw he'd lay,
Suithfast i fechtin an suithfast i wae.
Efter the fecht, the Godothin dinna tell
That ony wis mair gleg nor Chliv that day.

23   Sperfilt aa the wappons faur abreid,
The raw wis bruck, steive he stuid thare,
Gryte the stramash, yet aye the kemp
Tirnt back the Chloyger's onding sair.
Sinsyne he plantit bluidy stangs,
Amangst the bront o spear-chairge reid.
Mony the faeman he laid laigh,
An weedaes made or he fell deid,
Byordinar Gryde ap Hoagie,
Gart or spears a manteel waa.

24   Campioun, wi's shiel ablow his spreckelt broo,
His sten wis lik a strang steid's paik.
Thare wis wap on battle-knowe, an fire forby,
Thare wis swithie spears, an sin-licht's straik,
Thare wis mait for corbies — craw's by-bit
Or e'er he wis forleitit bi the fuird that day,
The gentie aigle, as the deow cam doun,
Aside the spairge o swaw, inby the brae,

The hale yird's makars cried him gryte o hert.
His wair-ploys tint him whit wis his bi richt;
His han-chyst fechters wis aa dichtit oot.
Or his yirdin, neth Elyrch Freh yon nicht
Thare wis smeddum in his breist atweel,
His bluid haed weshed ower his wair-graith.
No ivver frichtit, Biethvan ap Blythvan.

25   Wrang ti lae him mindit na —ere his daith
Michty wis his splores — nivver flichtit he
Wi cooardiness. His coort he nivver quat,
On Ne'erday, at his wull, sang wis rewaird.
    Tho hirst his lan, the plou it nivver gat.
Ower wersh the fechtin, fouthie knicht o wair,
Sypit wi bluid, efter the splore o wine,
Gwenabwie ap Gwen, i the Catryth fecht.

26   Certes it wis, as Cadlou brocht tae mine:
Nae man's swith steids cuid owertak Marchlou.
He cuistit spears athin the fechtin thare
Apon a lowpin, kibble, steid o wair.
Tho no brocht up for birns nor throucome sair,
Ramsh wis his swurd-straik at his ain sconce.
He'd cuist esh spears frae ooten his han's grup
Aboun his trig an staimin reid-roan steid.
The weel-looed laird wad skair aroun's wine-cup;
He'd hash aroun wi sauvage bluid-reid glaive:
Lik sharer haggin or the wather's brak,
Sae Marchlou gart the bluid grush furth atweel

27   Eisag, braw, weel thocht o soudron chiel,
His weys o daein lik the sea's douce flaw,
He wis guidwillie, couthie, likit weel,

An ivver mensefu, sowpin o the mead.
An whaur his wappons strack, wis nae remeid,
No peely-wally, nivver whittie-whatt.
Sair dirlt his glaive in dowie mithers' heids.
A fechtin waa, syne Gwuthnye's loun won fawm.

28   Caradog, o maist loosome fawm,
He gruppit an held ticht, renoun.
Douce whalp, at pace or daith-day cam
Ayeweys his mense it bore the gree.
Gang at richt oor, wha looed a sang,
Til heiven, hame o guid respeck.

29   Douce Caradog, a thane, weel-looed,
Bowsterous campioun i the fecht,
His battle-shiel squirlit, gowden, prood,
Spears smushed intil bittocks, skelft,
The swurd-straik ramsh, nor dwaiblie thare,
Manfou he'd haud the spearmen's sconce.
Afore yirth's wae, afore doul sair,
Suithfast in ettle he wad stan his grun.
Walcome be his amang the thrang
Wi Trinity, in sowder hail.

30   Whan Caradog wad chairge the fecht amang
Lik willyart gaut, thare slayin thrie wair-hunds,
The wair-ban's bul an hagger i the fecht,
He'd boden mait for wowfs wi his ain han.
Ewain ap Eylad is my wutness richt,
Wi Gourien an Gouriad, Gwin forby,
Oot frae Catryth, an ooten slauchter sair
Frae Brin Huthoun, afore e'er they wis taen.
Afore the mead in han wis gruppit thare,
Nivver a ane e'er saw his faither mair.

31   Men lencht the chairge, aa lowpin as the ane.
Jimp-leivin, drucken wi clair hinnie mead,
Munithog's menyie, weel-fawmed i the fecht:
For mead they peyed thair lives wi nae remeid,
Pilch an Ceradig, Madog, Eyian tae,
Cunvan, Gougon, Gwion, Gwin as weel,
Steel-wapponed Peredeir, Gwyrthier an Eythan,
Aa kempers in a fecht o smattered shiels.
An aye they sclew, tho they wis gettin slain,
Ti thair ain lans, no ane did e'er win hame.

32   Men lencht the chairge, nouriced they wis as ane
A towmond ower thair mead, they'd plottit slee.
Whit dowf thair tale, an whit sair wis thair wae,
Wersh wis thair hame, nae chiel til culyie thaim.
Hou lang the greinin for thaim an the stouns
For eydent carles o weel, wine-fettilt lans.
Gwigowd o Godothin, for knackie louns
He fendit aa the fawmed Munithog's feast,
An its darth, the battlegrun o Catryth reid.

33   Men went til Catryth in strenth, in fousome birr,
Swith steids wi shiels an wair-duds o derk-blae,
Spear-sneds hie-haudit wi the pynts weel sherp,
Glisterin mailyie an wi bricht swurds tae
He wad tak the bront an dreel throu wair-hosts aa:
Five times fifty fell afore his steel
    Intil the altar, Rievon Hir gied gowd,
Mindins til the sangster, an rewairds as weel.

34   Nivver wis biggit a haa sae reezit weel.
Sae gryte, sae michty, for the slauchter sair.
Ye'd pruive wordy o yer mead, Morien ramsh.
Cunnon wadna say, he'd makna bouks oot thare
Bricht airmour-cled, lood gowlin chiels wi spears:
His glaive it dingit ower the taptour hie.
For nae mair nor a michty yuck wad mudge
Cuid he be mudgit, Gwid ap Python slee.

35   Nivver wis biggit sae weel reized a haa.
Binna for Caradog's heir, Morien braw,
Thare he cam frae fechtin — wi's lairdlie weys —
Nae kemp mair ramsh nor Ferog's loun ava.
Stench his han, a moontit fugie he'd upsteir,
Bauld fechter, beild aye for a gliffed wair-ban.
Smattered his shiel afore Godothin's host:
Hard-pitten, suithfast wis his stan.
On the battle day, eydent, swith til ack,
Wis he, an wersh wis his rewaird for aa:
Munithog's chiel pruived wordy o his mead.

36   Nivver wis biggit siccan perfit haa ...
Nor furthie Cunnon, jowel-dinkit laird.
Thare at the table's tap he'd set bi richt.
Whamivver he strak nivver wis strak mair.
Sherp-set his spears, an sheenin bricht,
Wi's sheil in bittockies, throu men he'd dreel,
Swith rinnin wis his steids, i vangaird raw.
Apon the battle-day, daith wis his steel
Whan Cunnon chairgit i the blae-green daw.

37   Nivver wis biggit a haa sae aivendoun ...
Nor Cunnon o the gentie hert, guid chiel,
Fouthie an faur-reengin, wi a lion's ramsh,
Beild in fechtin, oot on the weing atweel,
Anker o wair-host, yett, maist leesome sain.
O ony I hae seen, the hale yird frae
Hechtin thair wappons, i the fecht maist bauld.
Wi the sherpest bled he wad hash the fae
Lik rashes they wad faa afore his han.
O weel-fawmed Cludno's loun I sing the-day,
The rowth o homolgation, aye ongawn.

38   Forenent he chairgit wi the foumaist virr:
Oot drave the fae, straucht merked his streek sinsyne.
Spear-thristin laird, lauchin i fechtin's tirr,
He shaws his smeddum liken til Elffin,
Fawmed Eythinun, wair-waa an battle-bul.

39   Forenent he chairgit at the foumaist virr:
For wauchts o wine an mead the haa athin.
His bleds he stancit, twa wair-hosts atween,
Slee reiver-chiel afore the Godothin,
Fawmed Eythinun, wair-waa an battle-bul.

40   For aistlin hirsels chairgin at fou virr.
The wair-ban raise, wi shiels aa shreedit sair.
Shreeds, afore Bellie's rowtin nowt they wir,
In bluid howe-deep, the border's fender swith,
Gray-heid uphaudin us, on's cursour braw,
Thrawn owse an gowd-haused fechter, brankie steid
The gaut vooed pack, slee chiel, forenent thaim aa
Slogan o gainstannin, faain o his weird,:
'Lat Him in heiven fend us i the fecht.'
He wadges roun his wair-spears wi a virr.

Cadvannan's spulyie muckle, gryte his micht:
Afore him thare a wair-ban grooflins lay.

41   For the belly-rive, maist dowf, maist dreid,
For indwalt, an for hirsten lan forby,
For the faa o herr frae aff the heid,
An aigle amang fechters, Gwithien wis.
Wi michty ramsh he fendit thaim wi's spear,
Its awner wis a schaimer, plouer, aye.
Morien fendit Murthen's praise-sang clere,
Syne pit awa the yerl laigh i the yirth,
Wha wis oor strenth an oor uphaudin han.
   For quine's infit, thrie carles wis Bradwen wirth;
Gwenabwie ap Gwen, wirth twal o ony man.

42   For the belly-rive, maist dowff, maist dreid,
The shiels wis sair wrocht i the fechtin thare,
In tirivee o swurd-straiks til the heids.
Forenent the thanes in Chloyger, flesh rave sair.
   Wha'd grup a wowf's howe wantin glaive,
Neth hap, maun hae a gallus hert an hie
Frae slash o tirivee an ruinage,
Bradwen wis felled afore he cuid win free.

43   Gowd glentin on the caistle waa,
An byous i the chairge fell swith ...
Nane leivin that cuid tell ava
Aboot his knichtly battle ploys.
Or o his naitur braw an brave,
Godothin's cheils wad nivver say,
That on the slauchter-day wi's glaive,
Cunhaval wis nae byous beild.

44   Whan ye wis a kemp, weel-kent bi aa
An ye wis saizin unfriens' growthie lan,
Fou richtlie we wis cried byordinar braw.
A stieve strang yett, a caistle that gied beild;
An fou o grace ti gaberlunzie men;
Beild for wair-hosts, lippenin ontil him:
A cry til Gwunvid wis no cried in vain.

45   I am nae wearied yerl.
I'll no avenge miscaa.
An I wull lauch nae lauch
Neth lick-spits buits ava.
Ootstreekit is ma knee
Inby a hoose o yirth,
A chyne o airn aroun
Ma twa knees is a girth.
O mead frae drinkin-horn,
Frae aa o Catryth's men,
No me, Anyrin, I,
(Taliesin he daes ken,
A skeily chiel wi wirds),
Sang o the Godothin
Afore the neisten daw.

46   A carle that kythed the smeddum o the nor,
Bein-hertit laird, bi naitur guid an fyne,
Nane on the yirth, nor wham a mither bore
Lik him, sae bonny, airn-cled an strang.
Wi farrach o's bricht glaive he recoured me
An brocht masel frae oot yirth's tolbooth fell,
Oot frae a lan o daith, fell unchancie,
Cennye ap Chlouarch, bauld, undauntit aye.

47   Sennilcht's hie coort, wi lip-fou quaichs o mead
Wad no be shentit sair. His glaive he set,
Agin aa wrang an strang agin ill-deed;
His spangs he'd set the wey o fechtin aye;
Athin his airms he'd cairry bluidied feres
Dyver's host forenent, Brennich's host forby
Wi his swith steids, blae duds, an bluidie spears,
That wis ayeweys thare inby his haa,
Athin his han his spear wis lang an broun,
An breeshlin in his madderam aboot,
Smile apon his lips giein ower til froun,
Wi dirdum an a bein-like souch in tirn.
An nae sicht o his men giein ower the fecht,
Hehlin, reiver o aa the border lans.

48   In cloddit grun, a stannin stane
Apon Godothin's border lans,
Bein guidness aye he brocht, an sain
For lan's guid ooten his wine-tents.
    The saison fell o sturm an blaw,
Wi fremmit ships, an fremmit ban,
Unchancie wair-ban, ramsh for aa,
The raws maist fyne, braw kemp forenent.
    Than ooten frae Din Diwuid shair,
Til us, apon us, it cam syne,
An Greigun's sheil wis rivit thare.

49   His glentin wappons gar his unfriens grue,
The sauvage aigle lauchin i the fecht.
Sherp his antlers is roun Bankarou;
His spreckelt fingers grush an groze a heid.
Sindry is his muids: whiles caum, camstairie;
Sindry is his muids: whiles thochtfu, mirrie.
Rees glegly chairges, ramsh, ramstairie,
He's nivver lik the chiels wha's chairge wull huilie.
Whamivver he owertaks wull no win free.

50   The sheil o Cunwal, it wis thirlit throu,
Guid-willie chiel, bi wanluck, dowf the wae;
Bi bleck misluck his hochs he striddelt ower
A knackie steid, a trig, lang-shankit gray,
Derk wis the lang broun spear-hecht in his han,
Derker yet nor that, the saidle on his naig.
The campioun nou sets thare athin his howff
An ramshes ainerlie on a raebuck's laig
For that is aa the walth his chaumer haes.
Guid grant that he micht seendil thole sic dryte.

51   Guid luck wi ye Athonwy, yer hecht til me:
Lik Bradwen ye wad birn an hag an flyte;
Ye'd no dae waur nor Morien ivver did.
Ye haudit naither faur weing nor fore-en:
Crouse ee nane blentin, yet ye nivver seen
The undeimous grush o muntit men.
Wha haggit, an excaisedna Southron chiels.

52   Olite kempers raise up for the fecht.
A strang lan wull be heard in het pursuit.
Ootbye a lan brist's duntin, vaiger bricht,
Whaur the cantie an maist gentie bide.
An o the peel tour, nae steek kin ye see.

A wordy knicht nae provockshin allous;
Morial, i the chase, nae wyte wull dree
His sauvage swurd-bled is for bluidshed graitht.

53   Olite kempers raise up for the fecht.
A strang lan wull be heard in het pursuit.
Wi kibblin an wi bled he sclew wi micht
The chiels in battle thare wis gurlie huifs.

54   Kempers raise for fechtin, furmed in raw.
They chairgit, ilk an aa wi aesome mint
Cuttie thair lifes, lang murn thair kinsmen aa.
Ilka carle sclew seiven o Chloyger's chiels.
The fechtin makkit guidwives weedaes syne;
Mony a tear drapt doun frae mithers' een.

55   Efter the splore o mead an waucht o wine
Sinsyne they bodent slauchter sair.
Man-grown loun, reezit hie that day
A suithfast stan he makkit, strang an sture
A suithfast stan afore Beitheigry's brae:
Clud-sclimmin corbies raise intil the lift.
An fechters faas apon the birkie braw
Lik a swairm oncomin, mair an mair:
An aye frae him nae muive ti rin awa.
Faur-sichtit, skiffin sae belyve an swith,
Frae the gray steids cam glaive-cannel sair
An frae the knowe, swith straik o swurd
Foremaist at the feast, an nivver sleepin thare;
An nou for him nae waukrife mair this day:
Ryethein's loun, knicht o the wair sae wicht.

56   Efter the splore o wine an mead they gaed,
      Carles mailyie-cled, I nou ken daith's doul richt.
      Afore ae herr tirnt gray cam slauchter fell.
      Afore Catryth, gleg wis thair wair-ban braw.
      Amang Munithog's carles gryte wis the teen,
      O thrie hunner, juist the ae cam hame ava.

57   Efter the splore o wine an mead they breinged,
      Fawmed chiels in wair, nane fearin daith ava.
      Bricht roun the quaich, thegither they haed mait
      Than wine an mead wis thairs, syne yuill an aa.
      For Munithog's fechters I am fou o wae,
      Ower mony o my kinsmen I tint thare.
      O thrie hunner wha chairgit at Catryth
      Ceptna for ane, alake, nane hame-cam mair.

58   He'd ayeweys be, whan they raise up for wair,
      Sae skeirie, kittlie, lik a stoitin baa,
      An sae he'd bide ontil they won back hame.
      An sae it wis that the Godothin aa
      Tuik wine an mead athin Din Eidin's haa,
      Unbowsome ayeweys in near fechtin, they.
      A hirsel neth Cadvannan o reid steids,
      An willyart reivers, in the daw o day.

59   Anker, Dyver-dingin,
      Sairpint wi frichtsome stang,
      Stramplin derk airmour doun
      The wair-ban's van amang.
      Michty fearsome urse;
      Fender sture an shair,
      Thare he wad strample spears
      Aa in the day o wair
      Apon an aller waa.

Yerl Nethig's heir-o-line,
Providit throu his radge,
For burds, a dredgie fyne,
Aa frae the fechtin's rair.
    For acks at's leal ye're cried,
Chief knicht, the menyie's waa,
Blissit yer howdie-tide,
Merin ap Madyan braw.

60   A ballant fettle for a wair ban's sung:
Aroun Catryth, the sojers wis rowed roun;
Bluid-gairt duds, wis tred on, strampilt in
An trees o battle wis aa strampilt doun.
Peyment for mead, the drinkin horn athin
Bi the bluidied bouks wis makkit guid
Kibnoe wullna say, that efter battle's soss
Tho he tuik Mass, his fairins that he'd haed.

61   A ballant fettle for a braw wair ban:
Fleed-tide's rair, an rair o fire an thunner.
Gryte smeddum frae the sturt-rowed reivers
Bluid-reid sharer, he haed the wair-hunger.
Hale-hertit fechter, wad til the battle heist
In whitsomeivver lan he heard it focht
Wi's shiel on shouther he wad hecht a spear
Maist lik a tass o prinklin wine for ocht
In siller his mead, gowd his fairin wis.
Gwydnerth ap Chlowry wis weel wine-fed

62   A ballant fettle for a gleet wair ban:
An efter it's raise up, a burn wull spate.
He stenchit the gray aigles' grispin gebs;
An than for aa the scranners bodit mait.
O keings wha traivelt ti Catryth that day
Apon Minithog's ettle, thane o aa,
Frae Godothin's Brithons, thare saikless cam,
Nae chiel bettermair nor Cunnon braw.

63   A ballant fettle for weel dreelt wair ban:
Yirth's cantie neuk, he fouthie wis atweel:
Abreid, the reize o makars he wad hae
For gowd, sture steids, mead-slockit chiels.
But whan he cam frae battle they wad reize,
The bluidie carles, Cunthilig o Eyron bricht.

64   A ballant fettle for a gleet wair ban:
Anent the hie Minithog's ettlin richt,
The quine o Eydav Hir, Gwanannon's laird,
Wis ane i purpie, lan o men creckt sair.

65   Gillies ill-tuik the sclammer o the haa
T'wis lik a rairie bleeze whan kennilt thare.
On Tyesday, they pit on thair derk wair-duds;
On Wadensday, thair shiels wis buskit braw;
On Thursday, siccar wis thair ruinage;
On Friday, corps an bouks wis taen awa;
On Setterday, skeilie, they tyauved as ane;
On the Sawbath, reid bleds wis waldit thare
Syne Monanday kythed carles howe-deep i bluid.
The Godothin say, efter lawbour sair
Afore hie Madog's beild whan they cam hame
Juist ae carle in a hunner wad retour.

66   Oot ower airly at the crack o daw,
Fechtin afore the front line dour.
A brek, sinsyne a bleezin chairge:
Maist lik a gaut ye sclimmed the brae.
He wis gey mensefu, an full sture,
An mirkie wair-gled's bluid-bath tae.

67   Oot ower airly at the crack o daw,
For fell het lawbour, i the border lan.
Foreside, forebreist, ootsettin efter faes,
Forenent a hunner, chairgin i the van.
Ramshly, a bluid-bath ye wad fasson syne
Lik lauchin as ye wauchtit douce mead doun;
Sae aisy wad ye hag doun corps an bouks,
He wis fou swipper wi a ramsh glaive-stoun.
Sae awid it wis, athoot a jilp o rue
That he wad slauchter unfriens doun,
Gourhaval, fechtin i the wair-host thare.

68   He whummilt heidlang doun intil the heuch.
The skeilie knicht, did ne'er his ettle gain.
Wrang wis his slauchterin wi a spear.
Tae sclim the manteel-waa wis Uwayn's wey,
Hechtin, afore his daith, his bled maist dear,
Huntin the slauchter, his daith murned wi sangs.
His plate gluve's weird, it wis the gray deid-thraw,
He wad dale oot syne wi's mailyie tirlin han.
The yerl wull dale rewaird oot braw
Yon yirthen kist o his oot frae,
Chilpie an dowf the reize, wi chowks paewae.
Blate afore a quine the heid o jeedgement wis,
Awner o steids, wair-gear, an bricht shiels tae,
Fechtin alangside feres, an chairgin syne.

69   Chaptane i the fecht, wicit til the wair
            Aa ower the lan fowk looed the sharer braw.
            Bluid-sypit lea aroun the new-howked graff.
            The bluid-reid duds his airmour smuirit aa,
            Stramper o mailyie, mailyie stramper sture.
            Stane-tire cam doun apon his heid lik daith.
            The spears is smattert as the fechtin sterts,
            His spear-thrist's ettle wis a reddit peth.

70   I sung a skeilie sang anent yer haa's dounfaa
            Sae wordy o the douce, enfanklin mead,
            The chairge apon the kemper's coort yon daw,
            Braw pryzin wis til thae fell Chloyger bans.
            Ower gryte the mends gin they're lat lieve ava.
            The carle o Gwinneth's glore wull aye be heard;
            In Gwanannon, his graff, sae mirk an cauld.
            Suithfast Cadavwie ooten Gwinneth braw,
            Wair-bul eydent i fechts o heidsmen bauld,
            Afore yirth's lair o syle, or yirdin dowf:
            Godothin's border-lan his graff sall be.

71   A bauld wair-ban, weel-yaised wi fechtin sair
            The menyie's chaptane, knackie knicht an slee.
            Wyce-like he wis, faur i the buik an prood;
            Ne'er ill-mou'd tae his drinkin-feres for ocht.
            Aneth his beild guid white steids nichert braw:
            Pobthelou's lan it nivver kinchit nocht.
            We ir cried the weing an cried the fechtin's van;
            In the swinge o weel-matched spears,
            Fend o cuttilt bleds, kemper i the fecht,
            Forcie chiel, bricht steel flammin i the wairs.

72   His cursours cairrit reid, bluid-smaddit gear,
            Reid hirsel at Catryth yon dowie day.
            Bleynwith upsteirs a wair-host, nivver feart,
            A wair-hund chairgin up the battle's brae,
            Oors syne wull be the flam o hie renoun.

Ooten Hedin's han an airn sett agee.

73 A braw Godothin laird aye reized in sang;
The fouthie yerl wull ivver murnit be.
Or Eidin the ramsh flam wull no retour.
His chysit chiels he set i the vangaird,
Sinsyne he set a strang peel oot forenent.
Unfriens he chairgit at fou virr, the laird.
Efter the splore, a fell throucome he tholed.
Nane won free frae Minithog's ban o wair
Ceptna ane, bled-wadgin, doul an wae.

74 Sinsyne, wi Moried's loss nae shiel wis thare:
They shouthert an upheezed the campioun braw.
The blae glaive bleds he cairried in his han;
An wechtie spears tae threit the threitner's heid,
Frae a riach cursour, hause upairchit gran,
An hivvy the slauchter afore his bleds.
Whan he bore the fechtin's gree wi flichtin nane,
The douce an fanklin mead it yirnt oor reize.

75 Braw knackie kemper, frichtit fowks' rig-bane,
His blae bled rivit back a fremmit fae,
Michty an wale-wicht chiel, his han wis lairge,
Stoot-hertit, snackie carle, they chirt him sair.
It wis ayeweys his guid gait til chairge
Brontlins, forenent nine campiouns,
Strecht in atween baith fere an fae fou swith,
An fungin faur his staw an wichtness bauld.
The kemp I looed wi's mensefu sate aneth,
Cunthilig o Eyron, lion reezit weel.

76 I looed his vangaird chairge thare at Catryth
Tae pey for's mead an wine athin the haa.
I looed it that he didna geck a spear,
Afore he fell, faur frae green Uffin braw.
I looed renoun's braw heir, bluidshed he gart;
His glaive he dinged aboot wi radgie ettle.

Afore Godothin, brave carles wullna say
Cydeo's loun did no hae campioun's mettle.

77   Wae it is tae me, efter tyauvin stieve,
Maist fashious the tholin o daith's fell stang,
It is a hivvy wae til me, the sicht
O oor braw fechters whummlin doun heidlang.
An lang the grienin an the murnin is
For hame syle's ilka brave, hale-hertit chiel
Reivon an Gougon, Gouyon an Gouled,
Bauld at ilk stance, throu thrang times leal.
Efter the fecht is ower, micht thair sauls aa,
Be walcom i heiven's douce fouthie lan.

78   He fendit aff the swairm ower bluidie dub;
He haggit doun aa thaim wha makkit stan.
Tavloyou, wi a swurl wad doosht his mead;
Wad doosht a wair-host, keings forenent.
His coonsel socht whaur mony wadna spick;
Gin he wir coorse, the'r nane that wad taen tent.
Or ere the chairge o aix-straiks an gleg glaives
A feast is set, an cried on is his vyce.

79   The menyie's hine sae bricht
His glaive, a hine sae wyce
Wi vangaird o wair-ban
Ootbye, an forenent thare
Apon the fechtin day,
In wappon's swinge sae sair.
They nivver did tak tent
Or efter they wis fou
Wi wauchtin o the mead.
Th'er nane that cuid jouk nou
Frae oor maist blithesome chairge
Apon the day ordeent.
Whane'er the tale gets telt
The chairge it wis sair teent

O steids an fechters thare,
Thirlt fechtin men's dreid weird.

80   Whan fou mony waes comes ower
Feth! than I freets an gets fell feart.
Pechin an stechin, for ma braith
Lik I haed rin – sinsyne I greet
For my guid fere I looed sae weel,
Douce an knichtly, a rae-deer, meet.
He wha stanced wi Argoyd's chiels.
Fou swipperlie he chirtit guid
Agin fell wair-hosts for his thanes,
Stawart agin the rochmaist wuid,
An wi the fleed o wae for splore.
He led until a rairin bleeze
Til white fleesh an til prinklin wine.
   Gerynt his slogan lood did heeze,
Leamin sae braw, the luik o's sheil.
Couthie lordlin, yerl o renoun,
The sea's bein hertieness I ken,
I ken Gerynt o fouthie croun.

81   Guid-willie his reize an gryte his renoun,
Suithfast anker in aa the fechtin sair,
Ne'er vinkwisht aigle o the wrethfu chiels.
Eydent on fechtin, Eydev, bonny, fair,
His swipper steids wis firsten i the fecht,
A whalp fessed up on wine, the tass oot frae.
Afore a green graff, palie tirnt his chowk,
A ranter ower the clair mead, he wis tae.

82   Until laigh grun, sair wrack, a fleed,
His hochle-ban the samen grush.
His sheil's forebreist wis riven dreid,
Stawed at hinnerance, an fou o radge,
The fender o Rouvoniog sere.
Til Alèd's side they're cried aince mair,

Til fecht o steids an bluidie gear.
Thrawart menyie, an stieve-like ban,
Sture campiouns an fechters braw,
Crammassie wis the pairish grun
Whanivver they wis ruisit aa.
    In fechtin he wad hash wi's glaive;
Hersh wairnin o the fecht he bore.
Sinsyne he wrocht a Ne'erday sang.
Suith, until Ervye's loun afore,
Cuid win forenent yon proodfu gaut,
Aa leddies, quines, an knichts sae guid.
Whan he wis chaptane's loun bi richt,
'Mangst Gwinneth's chiels, o bein Clud's bluid
Or ere the yirth smuirt ower his chowk
Guidwillie, bauld, an canny man.
    Than efter reize, dowf wis the graff
O Garthous frae Rouvoniog's lan.

83   Wha wull be the heir-in-law?
Nou cantie Heyniv's gane?
Ainerly ane aboun the thrang
Juist ane wi nem o thane.
    He sclew a michty host,
Sae's he cuid win renoun.
The loun o Nouthon sclew
O thaim wi gowden croun
A hunner princelins braw
Sae fawm he'd win sae blyth.
An better whan he rade
Wi fechters til Catryth.
    A braw weel-nouriced chiel
Wi wine — an furthie aye
Sae virrie i the fecht,
Wi mailyie smushin wey,
Sture, teugh he wis, an ramsh,
His swith steid he rade weel.
    Thare nivver airmit wis,

Kemper wi spear an shiel,
An wi the glaive an braig,
Nae birkie bettermair
Nor Heyniv, Nouthon's loun.

84   Frae oot ayont the Ithiou Sea,
Stawart ayeweys i the battle sture
Thrie times ramsher nor a lion, he,
Boubon, wi wreth an birse did ack.

85   T'wis uswal, on a skirrie steid, ti fend Godothin lan,
In gurlie fechtin, brontlins ayeweys o thae eydent carles,
T'wis uswal, on the traik o rae, his fugie swipper ran,
T'wis uswal he'd chairge forenent, amang the Dyrans' ban,
T'wis uswal Golistan's birkie wis tentit til for shair,
Tho, certes that his faither wisna ony laird nor yerl,
T'wis uswal, for Munithog's sake, the shiels got brucken thare,
Uswal, wis a bluidie spear forenent Eidin Eirvye's laird.

86   His stenchmaist bleds wis seen the host amang,
Gainstannin the orra an fell bluidy fae,
Sae that his nem micht aye be reezit lang.
    At his shiel's ding, rins faes or Eidin's brae,
Whit's han cuid grup he'd no retour for ocht,
Apon it thare wis wax, reid flam as weel,
Nivver snuilin, furth wi smattered shiel he focht,
He gied nae saicont ding, he strack, wis strack,
Aft, ere the splore, wis his mindin til the fae,
Certes, his fairin wis fell sair an ramsh,
Afore his smuirin i the yirth yon day,
Edar weel yirnt his waucht o hinnie mead.

87   He thrist afore thrie hunner o the braw;
He haggit doun the weings an midfield aa.
He giftit his ain steids in time o snaw.
He fed bleck corbies on the caistle waa.
Ein tho Keing Arthur he cuid nivver be,

Yet he did michty acks in fechtin slee,
A rampairt i the bront, Gwowrtheir hie.

88   He'd gie mait for the burds frae's han.
I gie him mense, gryte wair-laird hie,
Braw hagger an ramsh fechter gran.
Cled up he wis in gowden duds
Fechtin thare ayeweys i the van,
Ramsh in the campiouns' fechtin sture.
The battle's stawart, spreckelt man,
Ane o the Thrie Maist Frichtsome Anes,
Wair-slogan's minter, chaser swith,
A radgie urse in the onding,
An reizer o the wair-bans, suith,
The crack o aa the airmies thare,
Cibno ap Gwengad braw an fair.

89   A tinsel's won til me, no luikit for.
Thare wins, nor wull win naethin waur ava.
Nane baulder wis thare, nouriced i the haa
An nane mair suithfast i the fecht, nor braw.
Thare at Raed Benclowd, foremaist wis his steids,
Faur spreid his fawm, an rivit sair his shiel.
Sinsyne, ere Gwyer Hir wis yirdid laigh,
He yirnt his mead-horn, Fervach's ae loun chiel.

EYN O THE GODOTHIN

EPILOGUE
TIL CATRYTH'S STRATH

an owersettin o Thomas Gray's poem 'From The Gododdin'

Til Catryth's strath, i glisterin thrang
Three hunner kempers bauldly gang;
Roun ilka kemper's thrapple bien
Gowden chynes o kingly mien,
Braw daikert sae, wi gowden cleeks:
Frae gowden quaichs thair wames they beek
Wi mead frae oot the skep-bee's byke,
An wi the blythsome wine belyke.
Yet tho wi mirth an howp they brenn
Nae carle won hame frae Catryth's glen,
Sauve Eyron bauld, an Cunnon strang,
(Thristin, the bluidy host amang)
An me, the laighmaist o thaim aa,
Wha leive tae murn, an sing thair faa.

GLOSSSARY TO THE GODOTHIN:

aa	all
ablow	below
aboun	above
abreid	abroad
acause	because
ack	act
ae	one
aesome	only
afore	before
agee	aslant
agin	against
ahent	behind
aigle	eagle
ainerlie	only
airm	arm
airmie	army
airmour	armour
airn	iron
aistlin	eastern
aisy	easy
aivendoun	straight
aix	axe
alake	alas
allous	allows
amang	among
ane	one
anker	anchor
aside	beside
assailyeors	assailants
thin	within
athoot	without
atweel	indeed
awa	away
awner	owner
ava	at all
ayeweys	always
ayont	beyond
baa	ball
bade	stayed
ballant	ballad
ban	band
bauld	bold
beek	warm up
beild	shelter
bein	blessed
belyke	alike
belyve	quickly
belly-rive	feast
bide	remain
biggit	built
binna	except for
birkie	young man
birn	burn
birn	burden
birr	whirl
birse	rage
birze	excitement
bittocks	pieces
blae	blue
blate	shy
bleck	black
bleezin	blazing
blissit	blessed
blithesome	happy
blentin	blinking
bluid	blood
bluid-gairt	bloodstained
boden	provide
bodit	provided
boo	bow
bore the gree	took the prize
bouk	corpse
bowsterous	boisterous
brae	hillside
braig	large knife
braith	breath
brak	broke
brankie	energetic
bravehert	hero
braw	fine
bree	brew
breenged	rushed
breeshilt	hurried
breist	breast
brek	break
brenn	burn
bricht	bright
Brithon	Britain
brocht	brought

bront	front	coontenance	face
broo	brow	coorse	coarse
broun	brown	corbie	crow
brucken	broken	corps	corpses
buirdlie	robust	couthie	agreeable
buits	boots	cowpin	upending
bul	bull	crammassie	crimson
burds	birds	crack	talk
burn	stream	craw	crow
buskit	polished	creckt	broken
by-bit	tit-bit	cried	called
byous	immense	croun	crown
byordinar	extraordinary	crouse	courageous
caistle	castle	cuid	could
campioun	champion	cursour	war-horse
camstairie	unruly	cuistit	threw
cannel	sharp edge	cuttie	small
cannil-licht	candle light	cuttilt	sharpened
canny	cautious	daffin	having fun
canker	ill-will	daith	death
cantie	cheerful	daikert	decorated
carle	man	dale	share/portion
cauld	cold	darth	high price
caum	calm	daw	dawn
ceptna	except for	dee	die
certes	certain	deid-buirds	biers
chairge	charge	deid-thraw	death throe
Chaptane	captain/leader	delichtit	delighted
chaumer	chamber	derk	dark
chauntit	sang	deow	dew
chiel	man	dichtit	wiped
chilpie	chilled	ding	strike
chirt	press	dinna	do not
chowk	cheek	dirdum	uproar
chyne	chain	dockt	curtailed
chysit	chosen	dooncods	pillows
clair	limpid	Doosht	toss down a drink
cled	clothed	douce	sweet
cleeks	links	doul	sorrow
clere	clear	dounfaa	downfall
cloddit	cleared	dowf	sad
clud	cloud	dowie	unhappy
coff	buy	drapt	dropped
cog	wooden cup	drave	drove
cooardiness	cowardice	dredgie	funeral drink
coonsel	counsel	dree	fear

dreel	drill
dreid	dreaded
driftit	drifted
drucken	drunk
dryte	malignancy
dub	puddle/pool
duds	clothing
duntin	thumping
dwaiblie	feeble
ee	eye
een	eyes
efter	after
ein	even
eithlie	easily
eldren	elderly
eneugh	enough
enfanklin	entrapping
esh	ash (wood)
ettle	intention
excaisedna	didn't spare
eydent	eager
faa	fall
fae	foe
fairins	desserts
fang	advisable
fankle	tangle
farrach	bustle
fashed	bothered
fasson	fashion
faur	far
faur i the buik	educated
fawmed	famed
feart	afraid
fecht	fight
fell	badly
felled	killed
fender	defender
fere	comrade
fessed up	nurtured
feth!	faith!(exclamation)
fettle	fitting
fickelt	puzzled
firsten	first
flammin	flaming
fleed	flood
fleesh	fleece
flicht	flight
flisk	flick
Flumgummerie	decoration
flyte	wrangle with
focht	fought
follae	follow
forby	as well as
forcie	forceful
forebreist	alongside
forenent	in front of
foreside	front
forleitin	forsaking
fou	full/drunk
fouthie	rich
fowk	people
foy	celebration
frae	from
fremmit	alien
frichtit	frightened
frichtsome	frightening
Frith	Firth (of Forth)
froun	frown
fugie	pony
fuird	ford
fuit	foot
fund	found
fungin	throwing
furm	shape
furthie	generous
fushionit	furnished
fyne	fine
gaberlunzie	beggar
gaed	went
gainstannin	withstand
gait	way
gallus	brave
gang	go
gart	made
gaun	going
gaut	boar
gebs	beaks
geck	scorn
gentie	gentle
gey	very
gied	gave
gillies	servants

gin	if	hap	cloak
girn	trap	hard-pitten	weary
girse	grass	hash	slash
girth	girth	haud	hold
glaive	sword	hause	neck
gleet	glittering	hecht	promise
gled	hawk	hechtin	hefting
gled	glad	heid	head
gleg	happy	heidlang	headlong
glentin	glinting	heir-in-law	heir
gliffed	frightened	heir-o-line	heir
glisterin	glittering	heist	hasten
glore	glory	heiven	heaven
gowlin	howling	herr	hair
grainit	groaned	hert	heart
graff	grave	hertieness	heartiness
gray	grey	het	hot
greet	weep	heuch	trench
grienin	weeping	hie	high
grispin	grasping	hinnerance	hindrance
grooflins	prostrate	hinnie	honey
growthie	fertile	hirsel	herd
groze	crush	hirsten	barren
grue	feel sick	hivvy	heavy
grup	grip	hochle-ban	hobble
grush	gush	hochs	thighs
gryte	great	homolgation	confirmation
gowd	gold	howdie-tide	birth
gowd-hause	gold torque	howe-deep	hip-deep
gowl	roar	howff	hut
gran	grand	howked	dug
grun	ground	hozil	handle
grushy	expansive	huif	hoof
guid	good	huilie	falter
guid-dey	father-in-law	hund	hound
guidwillie	worthy	hunner	hundred
guidwives	wives	hytit	enraged
gurge	surge	i	in/at
gurlie	wild	ilk	each
haa	hall	ilka	every
haed	had	ill-gien	malevolent
hag	hack	ill-mou'd	abusive
hale	whole	inby	inside
hame	home	indwalt	occupied
han-chyst	hand picked	infit	influence
hanselt	gifted	ingaitherin	accumulating

inlaikin	weakening
intil	into
ir	are
ivver	ever
jeedgement	judgement
jilp	small drop
jimp-leivin	short-lived
jowel-dinkit	bejewelled
keing	king
kemp	champion
kempers	fighters
ken	know
kennilt	kindled
kentna	didn't know
kibblc	sturdy
kibblin	cudgel
kinch	advantage
kist	chest/coffin
kittlie	excitable
knicht	knight
knowe	hillock
kythed	displayed
laig	leg
laigh	low
lair	grave
laird	lord
lairdlie	aristocratic
lairge	large
laith	loath
lammer	amber
lan	land
lan brist	wave
lang	long
lang-shankit	long-legged
lat	let
lave	left
lauch	laugh
launces	lances
lawbour	labour
leesome	pleasant
lea	leave
lea	meadow
lealty	loyalty
leamin	shining
leifer	rather
lieve	live

lencht	launched
lick-spit	lickspittle
ligs	lies
liken	like to
lip-fou	brimming
lippenin	trusting
listit	enlisted
loo	love
lood	loud
lordlin	young lord
loun	youth
lowp	leap
luikit	looked
madderam	rage
mailyie	armour
mair	more
mairriage rive	wedding
mairriage-shine	"
mait	food
makars	poets
makna	make no
manfou	manfully
manteel	rampart
marra	friend
maut	malt
mawin	mowing
mawn	mown
mends	penance
mense	virtue
mensefu	clever
menstral	minstrel
menyie	army
michty	mighty
mindin	gift
mindit	recalled
mine	mind
mint	flaunt
mirk	dark
mirrie	merry
miscaa	insult
misfortoun	misfortune
misluck	mischance
mither	mother
Monanday	Monday
moontit	mounted
mucklc	much

mudge	budge	peel	defence
muids	moods	peely-wally	pale
muive	move	perfit	perfect
murned	mourned	perk	field
naig	horse	peth	path
naitur	nature	peyed	payed
nane	none/never	peyment	payment
Ne'erday	New Year's Day	pikit	pierced
neisten	next	plantit	planted
nem	name	plate gluve	mailed fist
neth	beneath	plenisht	supplied
neuk	corner	plouer	ploughman
nichert	whinnied	ploy	plan
nivver	never	princelins	young princes
nocht	none	prinklin	sparkling
norlans	northlands	pryzin	recompense
norwart	northward	prog	pierce
nouriced	nourished	prood	proud
nowt	cattle	provockshin	provocation
ocht	anything	pruive	prove
olite	willing	purpie	purple
oncome	attack	pushion	poison
ondeemous	huge	pynts	points
ondichtit	unwiped	quaich	tankard
onding	advance	quat	left
ongawn	ongoing	quine	maid
ontil	unto	ranter	reveller
ontil	until	rade	rode
ony	any	radge	rage
oot ower airly	rising early	raebuck	male roe deer
ooten	out of	rae-deer	roe deer
ootsettin	setting out	rair	roar
ootstreekit	outstretched	raise	rose up
ordeent	ordained	rampairt	rampart
orra	malign	ramsh	fierce
ower	over	ramshes	chews
owertak	outpace	ramstairie	rough
owse	ox	ram-stam	headlong
pace	peace	rashes	rushes
pack	pact	rave	tore
paewae	pallid	raw	row
paik	pace	recoured	rescued
pairish	parish	reddit	cleared
palie	pale	reengin	ranging
patientfu	patient	reid	red
pechin	panting	reiver	horseman

remeid	remedy	sclew	slew
renoun	renown	sclimmin	skimming
respeck	esteem	sconce	place
retour	return	seendil	seldom
reize	praise	seiven	seven
reuch	rough	selt	sold
rewaird	reward	sere	steadfast
riach	brindled	Setterday	Saturday
richt	right	shair	sure
rig o nicht	midnight	sharer	reaper
rig-bane	backbone	shaws	shows
riggs	fields	sheenin	shining
rin	run	shentit	disgraced
rive	tear	shiel	shield
rochmaist	roughest	shouther	shoulder
roun	round	schaimer	schemer
rowed	involved	schirryve	shriving
rowth	plenty	scranners	scavengers
rowtin	roaring	shreedit	shredded
rue	regret	sibs	brothers
rug an rive	to and fro	sic	such
ruinage	ruin	siccan	such a
sae	so	siccar	certain
saft	soft	siller	silver/money
saicont	second	sindry	sundry
saikless	innocent	sinlichtit	sunlit
sain	blessing	sinsyne	shortly
sair	severe	skailt	spilled
sair-prest	hard-pressed	skair	share
sairpint	serpent	skeichen	shy
saison	season	skeil	skill
saizin	seizing	skeirie	nervous
sall	shall	skelft	splintered
samen	same	skep-bee's byke	beehive
sang	song	skiff	move lightly
sangster	singer	skirred	ran swiftly
sate	seat	skrank	thin
saul	soul	slauchter	slaughter
saur	flavour	slee	sly
sautit	appeased	sleekit	cunning
sauve	save	slockt	drank
sauvage	savage	slockit	saturated
Sawbath	Sunday	slogan	war-cry
schirryve	shriving	smad	smear
scaud	abuse	smatter	shatter
sclammcr	clamour	smeddum	courage

smuir	cover	sturt	strife
smushed	smashed	socht	sought
snaa	snow	soudron	southern
snackie	active	sowder hail	total unity
sned	shaft	straik	streak
snuilin	cringeing	strang	strong
socht	sought	streekit	spread out
sojers	soldiers	striddelt	straddled
soss	messiness	stuid	stood
souch	sigh	suid	should
sowpin	supping	suith	truth
spairge	splurge	suithfast	certain
spangs	strides	sulliart	bright
spate	flood	swack	thump
spick	speak	swairm	swarm
spulyie	loot	swaw	sway
squirlit	ornamented	swinge	clash
speir	ask	swipperlie	quickly
sperfilt	spilled	swith	swift
splinder	splinter	swurd	sword
spreckelt	freckled	syle	soil
spyles	loot	syne	soon
squerr-sett	square-set	sypit	soaked
staimin	steaming	taen tent	payed attention
stanced	stood	taptour	tower
stancit	placed	tass	cup
stane	stone	teen	hurt
stane-tire	exhaustion	telt	told
stang	wound	tentit til	listened to
stannin	standing	thaim	them
staw	disgust	thane	chief
stawart	stalwart	thae	those
stechin	gasping	thair	there/their
steid	horse	the'r	there is
sten	stride	thegither	together
stench	steadfast	thirlit	bound to
stentit	stretched	thochtfu	thoughtful
stieve	firm	thole	endure
stoitin	bouncing	thoosan	thousand
stoun	pain	thrang	crowd
strack	struck	thrawn	stubborn
stramash	frenzy	threit	threaten
stramp	trample	thrie	three
strang	strong	thrist	thrust
strak	struck	throucome	outcome
sturm	storm	thunner	thunder

til	to
tint	lost
tinsel	loss
tirivee	frantic action
tirlin	rattling
tirnt	turned
tirr	excitement
tocher	dowry
tolbooth	jail
towmond	year
traik	track
traivel	travel
trig	neat
truith	truth
tuim	hollow
twal	twelve
twinty	twenty
tyauved	worked
Tyesday	Tuesday
unbowsome	unbending
unchancie	ominous
unco	extremely
undauntit	undaunted
undeimous	enormous
unfriens	enemies
upairchit	arched
upsteirt	stirred up
urse	bear
vaiger	traveller
van	front rank
vangaird	vanguard
vinkwisht	vanquished
virr	vigour
vyce	voice
voo	vow
waa	wall
wad	would
Wadensday	Wednesday
wadge	brandish
waldit	weilded
wap	thud
wan	won
waesome	woeful
walth	wealth
wair	war
wair-graith	war gear

wappons	weapons
wairhunds	war-hounds
walcom	welcome
wanluck	bad luck
wather	weather
watter	water
wauchtit	swallowed
waukrife	sleepless
wearit	wearied
wechtie	weighty
weedae	widow
weel	well
weel-yaised	accustomed
weing	wing
weirdit	doomed
wersh	harsh
weshed	washed
wey	way
wha	who
whalp	cub
whamivver	whoever
whan	when
whanivver	whenever
whaur	where
whiles	at times
whitsomeivver	whatever
whittie-whatt	indecisive
whummilt	tumbled
wierd	fate
wicht	courage
wichtsome	brave
wicit	led
wick	week
wirds	words
willyart	undisciplined
wir	our
wirth	worth
wis	was
wisna	wasn't
witter	restless
wordy	worthy
wowf	wolf
wrack	wreck
wrang	wrong
wrethfu	angry
wrocht	worked

wuid	wood
wull	will
wutness	witness
wyce	wise
yer	your
yerl	earl
yett	gate
yird	world/earth
yirdin	burial
yirdin jyne	funeral
yirnt	earned
yirth	world/earth
youthheid	youth
youthie	youthful
yuck	boulder
yuill	ale